gratitud
VIRTUDES DE MI CORAZÓN

Written and Illustrated by Melissa López Charepoo

Texto e ilustraciones
©2023 Melissa López Charepoo

Primera edición publicada en 2023. Reimpresión 2026.

ISBN 978-1-971750-30-9 (tapa blanda)

A todos los que hacen del mundo un lugar mejor esforzándose

por ser agradecidos.

¿Alguna vez te has preguntado qué significa tener gratitud?

La **gratitud** es el acto de ser agradecido y poder apreciar todo en la vida. Es una virtud, o una buena cualidad de nuestros corazones. Ser agradecido alegra nuestro corazón y nos ayuda a desarrollar muchas otras virtudes también. Debemos estar agradecidos con nuestro Creador, nuestros padres y cualquiera que sirva a nuestra comunidad. También podemos estar agradecidos por nuestros juguetes y las cosas divertidas que hacemos. Somos verdaderamente felices cuando estamos agradecidos.

¡Podemos esforzarnos por ser **agradecidos** por todo en la vida!

Mi corazón está lleno de gratitud por nuestro Creador. Estoy agradecido por todo lo que me ha dado. Confío, tengo **fe** y creo que Él guía mis pasos todos los días. Para esforzarme por la gratitud hacia nuestro Creador, rezo todos los días y medito en Su Palabra.

¿Cómo muestras tu gratitud hacia nuestro Creador?

Mi corazón está lleno de gratitud por mi familia, especialmente por mis padres. Estoy agradecido por todo lo que hacen y todo lo que me han enseñado. Les muestro mi gratitud siendo **obediente**. Me esfuerzo por completar mis tareas todos los días. Siempre sigo su guía, ya que sé que quieren lo mejor para mí.

¿Cómo muestras gratitud siendo **obediente** a tus padres o los adultos en tu vida?

Mi corazón está lleno de gratitud por los dones espirituales, como la bondad que otros me muestran, y los regalos materiales, como mi balón de fútbol y mi diario especial. Estoy agradecido de poder disfrutar esas cosas en la vida, pero también estoy **desapegado** de ellas. Eso significa que no permito que la necesidad de tener esas cosas me controle. A veces nos encontramos con personas amables y otras veces no. Lo mismo ocurre con las cosas materiales. A veces los tenemos, y a veces no. Al estar desapegado, me siento agradecido de cualquier manera.

¿Cómo te esfuerzas por ser agradecido y al mismo tiempo ser **desapegado**?

Mi corazón está lleno de gratitud por las cosas que puedo aprender. En la escuela, me esfuerzo por prestar atención y completar todo mi trabajo. En casa muestro gratitud **sacrificando** mi tiempo de ver mi programa favorito para asegurarme de completar toda mi tarea.

¿Cuáles son algunas cosas por las que estás agradecido? ¿Qué necesitas **sacrificar** para lograrlo?

Mi corazón está lleno de gratitud por mis amigos. Les muestro lo agradecido que estoy de tenerlos en mi vida **respetándolos** siempre, aunque podamos tener diferencias en nuestras opiniones me aseguro de escuchar atentamente lo que tienen que decir.

¿Cuáles son algunas de las cosas que puedes hacer para estar agradecido por tus amigos mostrándoles **respeto**?

Mi corazón está lleno de gratitud por las pruebas y las dificultades. Puede ser difícil estar agradecido por las cosas difíciles de la vida. Sin embargo, el tener que responder a cosas difíciles en la vida, nos ayuda a desarrollar virtudes y a ser más fuertes y mejores personas. La vida siempre tendrá sus altibajos. Pero tener un corazón agradecido nos hace **resilientes**, ya que nos da la capacidad de recuperarnos rápidamente de los momentos difíciles. Tener un corazón agradecido también nos da **optimismo** mientras esperamos tiempos mejores. El otro día mi equipo perdió un partido de fútbol, pero somos **resilientes**, y estamos **optimistas** de que con esfuerzo y práctica volveremos a ganar.

¿Cómo muestras gratitud al esforzarte por ser **resiliente** y **optimista** durante los momentos difíciles?

Mi corazón está lleno de gratitud por todas las personas que sirven a nuestra comunidad. Muchos buenos maestros, policías, bomberos, médicos y enfermeras, entre muchos otros, sirven a nuestra comunidad con responsabilidad y cuidado. Muestro mi **aprecio** por su trabajo tratándolos con amabilidad y respeto, tal como espero que ellos me traten a mí. Las personas que sirven a los demás me inspiran a hacer lo mismo, y espero en el futuro elegir una profesión que sirva a mi comunidad.

¿Cómo muestras gratitud al **apreciar** el trabajo de quienes sirven a nuestra comunidad?

Mi corazón está lleno de gratitud a nuestro Creador por el hermoso mundo que hizo para nosotros. Muestro mi gratitud al planeta tierra **cuidándolo** para que todos puedan disfrutar de este hermoso lugar al que todos llamamos hogar.

¿Cómo mostramos gratitud hacia nuestro Creador al **cuidar** nuestro planeta?

Como puedes ver, podemos esforzarnos por tener siempre el corazón lleno de **gratitud**. Al tener gratitud, nuestros corazones desarrollan muchas otras virtudes, como la fe, el amor, la atención plena, el desapego, el sacrificio, el respeto, la resiliencia, el optimismo, el servicio, el aprecio y el cariño.

¡Nuestros corazones siempre estarán alegres cuando nos esforcemos por mostrar **gratitud** todos los días de nuestras vidas!

Apreciación - reconocimiento y disfrute de las buenas cualidades en alguien o algo.

Cariñoso - mostrar bondad y preocupación por los demás.

Desapego - la capacidad de aceptar las cosas que no podemos controlar o cambiar.

Fe - tener profunda confianza en nuestro Creador

Amor - afecto profundo hacia alguien

Atención plena - ser consciente de nuestras acciones, palabras y pensamientos, y de lo que nos rodea.

Obediencia - cumplimiento de una orden, solicitud o ley.

Optimismo - capacidad de buscar lo positivo en cada situación

Resiliencia - capacidad para recuperarse rápidamente de las dificultades.

Respeto - una profunda admiración por alguien o algo

Sacrificio - capacidad de renunciar a algo importante por algo más importante

Servicio - el acto de ayudar a los demás sin esperar nada a cambio.

Referencias:

The Virtues Project Cards

Oxford English Dictionary

Agradecimiento:

Mi amado esposo Darioush Charepoo por todo su apoyo.

Nuestros queridos hijos por ser la inspiración.

Leanna Guillén Mora por ayudar con la corrección y edición del libro.